# Mobile Sicherheit & App-Schutz

Wie Sie Ihr Smartphone, Ihre Apps und Ihre Nachrichten vor digitalen Eindringlingen schützen

*Von Joe Correa*

Veröffentlicht von Live Stronger Faster



Erste Ausgabe

# Inhaltsverzeichnis

Einleitung 4

Kapitel 1: Die realen Gefahren der mobilen Cyberkriminalität 7

Kapitel 2: App-Berechtigungen verstehen und wie sie Sie ausnutzen 13

Kapitel 3: Risiken von öffentlichem WLAN, Bluetooth und Standortverfolgung 18

Kapitel 4: Ihr Smartphone absichern — Einstellungen, Tools und bewährte Methoden 23

Kapitel 5: Schutz persönlicher Dateien, Fotos und Cloud-Daten 28

Kapitel 6: Sichere Nachrichten, Anrufe und Videochats auf dem Smartphone 32

Kapitel 7: Mobile App-Fallen, Malware und Spyware-Bedrohungen 37

Kapitel 8: Was Sie tun sollten, wenn Ihr Smartphone verloren geht, gestohlen wird oder beschlagnahmt wird 41

Kapitel 9: Mobile Sicherheit für Familien und Kinder 45

Kapitel 10: Die Zukunft der mobilen Sicherheit — Trends, Bedrohungen und wie Sie einen Schritt voraus bleiben 49

Sicherheit ist kein Ziel – sie ist eine fortlaufende Praxis 53

# Einleitung

Im digitalen Zeitalter ist Ihr Smartphone nicht nur ein Telefon. Es ist Ihre Kamera, Ihr Portemonnaie, Ihre Kommunikationszentrale, Ihr Reiseführer, Ihr Gesundheitsmonitor und Ihr Zugangspunkt zu nahezu jedem Detail Ihres persönlichen und beruflichen Lebens. Das macht es zu einem der attraktivsten Ziele für Cyberkriminelle, Datensammler und invasive Apps. Und während die meisten Menschen ihre Haustür abschließen, bevor sie das Haus verlassen, wenden sie selten das gleiche Maß an Sicherheitsbewusstsein auf ihr meistgenutztes Gerät an.

Dieses Buch ist Ihr vollständiger Leitfaden zum Schutz Ihres mobilen Lebens. Egal, ob Sie ein iPhone, ein Android-Gerät oder ein Tablet verwenden – dieses Buch bietet Ihnen einen klaren, leicht verständlichen Rahmen, um Ihr Gerät, Ihre Apps und Ihre Daten zu schützen, ohne dass Sie ein Technikexperte sein müssen. Wir führen Sie durch die wichtigsten Einstellungen, Funktionen und Tools, die Ihre Verwundbarkeit erheblich reduzieren können – von Verschlüsselung und App-Berechtigungen bis hin zu sicherer Kommunikation und mobilen VPNs.

Außerdem beleuchten wir einige der größten Bedrohungen, von denen die meisten Menschen nicht einmal wissen, dass sie existieren – wie gefälschte Apps, schleichende Berechtigungen, Bluetooth-basierte Angriffe, Standortverfolgung und die versteckten Risiken öffentlicher WLAN-Netzwerke. Jedes Kapitel ist voller praxisnaher Beispiele, Experten-Tipps und aktueller Sicherheitstools, die Sie sofort einsetzen können.

Am Ende dieses Buches werden Sie verstehen, wie mobile Angriffe funktionieren, wie Sie Warnsignale erkennen und – am wichtigsten – wie Sie sie verhindern können. Sie lernen, wie Sie Ihre Nachrichten sichern, sensible Dokumente schützen, typische Fallen vermeiden und die Kontrolle über Ihre mobile Privatsphäre zurückgewinnen.

Ob Sie Elternteil, Reisender, Unternehmer, Freelancer, Student oder einfach jemand sind, der viel unterwegs ist – dieses Buch gibt Ihnen das Wissen und das Vertrauen, Ihre digitale Welt zu schützen, selbst in stark vernetzten Umgebungen.

Beginnen wir mit Kapitel 1: Die realen Gefahren der mobilen Cyberkriminalität – und warum der Schutz Ihres Smartphones genauso wichtig ist wie das Abschließen Ihrer Haustür.

# Kapitel 1: Die realen Gefahren der mobilen Cyberkriminalität

Die meisten Menschen tragen ihr gesamtes Leben in der Tasche – doch nur wenige verstehen wirklich die Risiken, die damit einhergehen. Das Smartphone ist zu einer Erweiterung des menschlichen Gehirns geworden: Es speichert unsere Passwörter, persönlichen Fotos, Gespräche, Finanz-Apps, Gesundheitsdaten, Standortverläufe und sogar biometrische Identifikatoren wie Fingerabdrücke und Gesichtsscans. Das macht mobile Geräte zu einem der begehrtesten Ziele für Cyberkriminelle, Identitätsdiebe und digitale Spione. Doch die Bedrohung geht nicht nur von Hackern in dunklen Räumen aus. Die gefährlichsten Risiken sind oft legal, unsichtbar und direkt in die Apps integriert, die wir täglich nutzen.

Beginnen wir mit einer grundlegenden Wahrheit: Ihr Smartphone sendet ständig Daten aus. Ob GPS-Standort, Bluetooth-Signale, WLAN-Anfragen oder mobile Werbe-IDs – Ihr Gerät kommuniziert kontinuierlich mit Netzwerken, Funkmasten und anderen Geräten in der Nähe. Dieser Datenstrom kann von App-Entwicklern, Werbetreibenden oder böswilligen Akteuren gesammelt, gespeichert, analysiert und verkauft werden. Vielen Menschen ist nicht bewusst, dass selbst „kostenlose“ Taschenlampen- oder Wetter-Apps mit

Spyware ausgestattet sein können, die Kontakte, Mikrofoneingaben oder Nutzungsverhalten erfasst – oft völlig unbemerkt.

Eine der häufigsten und am wenigsten beachteten Gefahren ist das sogenannte „Permission Creep“ – also das schleichende Ausweiten von App-Berechtigungen. Eine App fordert zunächst Zugriff auf grundlegende Funktionen an, verlangt jedoch im Laufe der Zeit immer mehr und invasivere Zugriffe. Eine einfache Notiz-App könnte plötzlich Zugriff auf Mikrofon, Kalender oder Kamera verlangen. Die meisten Nutzer tippen schnell auf „Zulassen“, ohne die Konsequenzen zu verstehen. Diese Berechtigungen können missbraucht werden, um Gespräche abzuhören, Fotos aufzunehmen oder im Hintergrund auf sensible Daten zuzugreifen.

Hinzu kommt die Gefahr gefälschter Apps – Schadsoftware, die sich als legitime Anwendung tarnt. Besonders verbreitet sind diese in Drittanbieter-App-Stores oder auf Android-Geräten. Eine gefälschte Banking-App kann beispielsweise identisch aussehen wie die echte, dient aber lediglich dazu, Ihre Zugangsdaten zu stehlen. Nach der Installation arbeiten diese Apps oft im Verborgenen, fangen Zwei-Faktor-Codes ab, lesen Nachrichten und senden vertrauliche Daten an Angreifer.

Öffentliche WLAN-Netzwerke stellen ein enormes Risiko dar. Bei sogenannten Man-in-the-Middle-Angriffen richten Hacker gefälschte Hotspots ein, oft mit Namen wie „Free_Wifi“ oder „Starbucks_Guest“. Sobald Sie sich verbinden, kann der Angreifer alles mitlesen: Zugangsdaten, Kreditkarteninformationen, E-Mails und sogar VPN-Daten, wenn diese nicht korrekt verschlüsselt sind. Besonders gefährlich ist dies für Menschen, die unterwegs Banking, Dateiübertragungen oder Online-Shopping nutzen.

Auch Bluetooth kann missbraucht werden. Angriffe wie BlueBorne oder BlueSnarfing ermöglichen es Hackern, über Bluetooth-Verbindungen Daten zu stehlen oder sogar die Kontrolle über Ihr Gerät zu übernehmen – oft ohne jegliche Interaktion Ihrerseits. Wer Bluetooth in öffentlichen Bereichen wie Flughäfen oder Veranstaltungen eingeschaltet lässt, erhöht sein Risiko erheblich.

Darüber hinaus ist Ihr Smartphone ein Einfallstor für Social-Engineering-Angriffe. Phishing-Nachrichten per SMS (Smishing) oder über Messenger wirken oft täuschend echt. Ein Klick auf einen falschen Link kann Malware installieren oder Sie auf eine gefälschte Website führen, die Ihre Zugangsdaten stiehlt. Mobile Nutzer sind besonders anfällig, da sie Inhalte oft schnell überfliegen und impulsiv handeln.

Auch Betriebssysteme sind nicht unfehlbar. Obwohl iOS und Android Sicherheitsmechanismen wie Sandboxing, Verschlüsselung und regelmäßige Updates nutzen, können diese durch veraltete Software, Jailbreaking oder ungepatchte Sicherheitslücken umgangen werden. Ist ein Gerät erst einmal kompromittiert, wird es zu einem Überwachungswerkzeug – es zeichnet Eingaben auf, entschlüsselt Passwörter und sendet Daten unbemerkt weiter.

Zusammengefasst sind mobile Geräte wahre Datentresore – und damit besonders wertvolle Ziele für Hacker und datenhungrige Unternehmen. Die Bedrohungen sind real, konstant und entwickeln sich ständig weiter. Doch Sie sind nicht schutzlos. In den folgenden Kapiteln lernen Sie konkrete Strategien, um sich zu schützen – von App-Berechtigungen über Verschlüsselung bis hin zu sicheren Kommunikationsmethoden und VPNs.

Merken Sie sich vorerst: Wenn Sie Ihr Portemonnaie, Ihren Reisepass oder Ihr Tagebuch nicht unbeaufsichtigt liegen lassen würden, sollten Sie das auch digital nicht tun. Ihr Smartphone ist all das – und noch viel mehr.

Carlos' Geschichte über mobile Cyberkriminalität

Carlos war gerade in New York gelandet, nach einer Geschäftsreise nach Mexiko-Stadt. Während er durch den Flughafen JFK ging, öffnete er sein Handy, um E-Mails zu checken, ein Uber zu bestellen und seiner Frau mitzuteilen, dass er gelandet war. Es schien ein ganz normaler Montag zu sein – bis es keiner mehr war.

Als er im Uber saß, fiel ihm etwas Seltsames auf. Seine Banking-App hatte ihn ausgeloggt. Er dachte zunächst an einen Fehler, doch sein Passwort funktionierte nicht mehr. Kurz darauf konnte er sich auch nicht mehr in seine E-Mails einloggen. Dann kamen die Benachrichtigungen: eine Abbuchung über 1.500 Dollar, ein Zugriff auf seine Apple-ID, Aktivitäten auf seinem Dropbox-Konto. Noch bevor er den Flughafen verlassen hatte, zerfiel sein digitales Leben.

Was war passiert? Drei Tage zuvor hatte Carlos in einem Café in Mexiko-Stadt das kostenlose WLAN genutzt. Was er nicht wusste: Es war ein gefälschtes Netzwerk, betrieben von einem Hacker. Während Carlos arbeitete, wurden seine Daten abgefangen. Anschließend installierte der Angreifer unbemerkt Malware auf seinem Gerät – getarnt als Systemupdate. Diese Software zeichnete alles auf: Passwörter, Nachrichten, sogar Kameraaktivitäten.

Zurück zu Hause versuchte Carlos, den Schaden zu begrenzen. Er änderte Passwörter, sperrte Konten und setzte sein Gerät zurück. Doch der Schaden war bereits angerichtet. Seine Daten waren gestohlen, seine Identität kompromittiert.

Diese Erfahrung war ein Wendepunkt. Carlos begann, sich intensiv mit mobiler Sicherheit zu beschäftigen: verschlüsselte Apps, sichere Cloud-Dienste, VPN-Nutzung und regelmäßige Überprüfung von Berechtigungen. Er lernte, Risiken zu erkennen – und gab dieses Wissen an seine Familie weiter.

Carlos' Geschichte ist kein Einzelfall. Jeden Tag tappen Millionen Menschen in ähnliche Fallen. Doch mit dem richtigen Wissen und den richtigen Gewohnheiten können Sie die Kontrolle zurückgewinnen und Ihre digitale Welt schützen.

# Kapitel 2: App-Berechtigungen verstehen und wie sie Sie ausnutzen

Jedes Mal, wenn Sie eine neue App installieren, werden Sie nach Berechtigungen gefragt. Manchmal sind sie offensichtlich: Eine Navigations-App benötigt Zugriff auf Ihren Standort, eine Kamera-App Zugriff auf Ihre Kamera. Doch was passiert, wenn eine Taschenlampen-App Zugriff auf Ihr Mikrofon verlangt? Oder wenn eine Foto-App Ihre Kontakte sehen möchte? Die Wahrheit ist: App-Berechtigungen gehören zu den am meisten übersehenen und gleichzeitig am stärksten ausgenutzten Elementen der mobilen Sicherheit.

Berechtigungen sind die Schnittstellen zwischen einer App und den internen Funktionen Ihres Smartphones. Dazu gehören Standort, Mikrofon, Kamera, Kalender, Nachrichten, Fotos, Anrufverlauf, biometrische Daten, Speicher und sogar Ihre Bildschirmaktivität. Jede einzelne Berechtigung kann, wenn sie missbraucht wird, zu einem Einfallstor für Überwachung oder Datendiebstahl werden. Das Problem ist, dass die meisten Menschen einfach auf „Zulassen" klicken – oder noch schlimmer: Apps dauerhaft Zugriff gewähren, obwohl „Nur während der Nutzung" völlig ausreichen würde.

Schauen wir uns an, wie diese Berechtigungen missbraucht werden. Eine scheinbar harmlose App kann Ihren Standort erfassen und Ihre Bewegungsdaten an Werbenetzwerke verkaufen. Andere Apps lesen Ihre Zwischenablage aus – das bedeutet, dass kopierte Passwörter oder Kreditkartendaten abgegriffen werden können. Manche Apps fordern Zugriff auf SMS, angeblich zur Verifizierung, nutzen diesen aber, um Zwei-Faktor-Codes abzufangen oder Spam zu versenden.

Besonders kritisch sind Mikrofon- und Kamerazugriffe. Eine App mit beiden Berechtigungen könnte theoretisch Gespräche aufzeichnen oder Fotos aufnehmen, ohne dass Sie es merken. Obwohl Betriebssysteme solche Zugriffe regulieren, finden bösartige Apps oft Wege, Sicherheitslücken auszunutzen – vor allem bei veralteten oder manipulierten Geräten. Selbst legitime Apps wurden dabei ertappt, Nutzerverhalten im Hintergrund zu analysieren.

Ein weiteres Problem ist, dass sich Berechtigungen im Laufe der Zeit ändern können. Sie installieren eine App mit begrenzten Zugriffen, doch nach einem Update fordert sie zusätzliche Berechtigungen an. Wenn automatische Updates aktiviert sind, bemerken Sie das oft gar nicht. Dieses Phänomen nennt sich „Permission Creep“ und ist weit verbreitet.

Wie können Sie die Kontrolle zurückgewinnen? Überprüfen Sie zunächst alle App-Berechtigungen manuell. Auf Android finden Sie diese unter Einstellungen > Datenschutz > Berechtigungsmanager. Auf iOS unter Einstellungen > Datenschutz & Sicherheit. Entziehen Sie jeder App den Zugriff, der nicht logisch zu ihrer Funktion passt.

Zusätzlich können Sie Tools zur Überwachung von Berechtigungen nutzen. Apps wie Bouncer (Android) erlauben temporäre Berechtigungen, die automatisch wieder entzogen werden. Andere Tools wie Jumbo oder DuckDuckGo App Tracking Protection blockieren Tracker und zeigen, wie Ihre Daten genutzt werden.

Achten Sie auch darauf, woher Sie Apps installieren. Nutzen Sie nur offizielle Stores wie Google Play oder den Apple App Store. Prüfen Sie vor der Installation Entwickler, Bewertungen, Downloadzahlen und Updates. Seien Sie vorsichtig bei Apps mit wenigen Bewertungen oder verdächtigen Kopien – sie sind oft Tarnungen für Malware.

Selbst bei seriösen Apps lohnt sich ein Vergleich. Viele Alternativen benötigen deutlich weniger Berechtigungen. Nur weil eine App populär ist, heißt das nicht, dass sie Ihre Privatsphäre respektiert.

Nutzen Sie außerdem Systemfunktionen, um Hintergrundaktivitäten einzuschränken. Sowohl iOS als auch Android erlauben es, Apps daran zu hindern, im Hintergrund Daten zu sammeln oder ständig den Standort zu verfolgen.

Letztendlich ist Ihr bester Schutz Bewusstsein und digitale Disziplin. Überprüfen Sie regelmäßig Ihre Apps, löschen Sie ungenutzte Anwendungen und achten Sie auf ungewöhnliche Berechtigungen. Je mehr Kontrolle Sie über Ihre Apps haben, desto weniger Kontrolle haben Dritte über Sie.

Das Verständnis von App-Berechtigungen bedeutet nicht nur, Einstellungen zu ändern – es bedeutet, Ihre Daten, Ihre Identität und Ihre Privatsphäre aktiv zu schützen. Komfort sollte niemals auf Kosten Ihrer Sicherheit gehen.

Wie Ava den Preis der Privatsphäre lernte

Ava liebte Fotografie. Als angehende Content Creatorin verbrachte sie Stunden damit, Fotos mit ihrem iPhone aufzunehmen und mit neuen Apps zu bearbeiten. Während eines Wochenendtrips nach Arizona entdeckte sie eine neue App namens ProFilter+, die professionelle Filter kostenlos versprach. Ohne nachzudenken, installierte sie die App und erlaubte alle Berechtigungen.

Ein paar Tage später bemerkte sie, dass ihr Akku schneller leer wurde und ihr Handy sich erhitzte. Dann entdeckte sie, dass die App Zugriff auf Mikrofon, Kamera, Standort und Kontakte hatte – und ihren Standort dutzende Male am Tag abrief.

Kurz darauf erhielt ihre Freundin eine verdächtige Nachricht von einer unbekannten Adresse, die scheinbar mit Ava verbunden war. Erst da wurde Ava klar, dass etwas nicht stimmte. Sie löschte die App und kontaktierte ihren Freund Malik, der im Bereich Cybersicherheit arbeitete.

Malik stellte fest, dass die App im Hintergrund Daten an einen Server übermittelte – inklusive Standortdaten und Nutzungsverhalten. Gemeinsam bereinigten sie ihr Gerät, entzogen unnötige Berechtigungen und installierten Schutzmaßnahmen.

Diese Erfahrung veränderte ihr Verhalten komplett. Seitdem überprüft Ava regelmäßig ihre Berechtigungen, recherchiert Apps vor der Installation und nutzt nur noch vertrauenswürdige Anwendungen.

Ihre wichtigste Erkenntnis: Jeder Klick auf „Zulassen“ hat Konsequenzen. Und Bequemlichkeit darf niemals wichtiger sein als Privatsphäre.

# Kapitel 3: Risiken von öffentlichem WLAN, Bluetooth und Standortverfolgung

In einer ständig vernetzten Welt hat mobile Bequemlichkeit ihren Preis. Öffentliche WLAN-Netzwerke, Bluetooth-Signale und Standortdienste sind Funktionen, die unser Leben einfacher machen sollen – doch sie schaffen auch erhebliche Sicherheitslücken, die ausgenutzt werden können, ohne dass Sie es bemerken. Die Herausforderung besteht darin zu verstehen, wie diese Technologien funktionieren und wie sie von Angreifern, Werbetreibenden und sogar den Apps, denen Sie vertrauen, manipuliert werden können.

Beginnen wir mit öffentlichem WLAN – einer der häufigsten und gefährlichsten Bedrohungen für mobile Sicherheit. Cafés, Flughäfen, Hotels und Einkaufszentren bieten kostenloses WLAN an, doch „kostenlos“ hat oft versteckte Kosten. Diese Netzwerke sind häufig ungesichert, was bedeutet, dass die übertragenen Daten nicht verschlüsselt sind. Informationen wie E-Mails, Passwörter oder Kreditkartendaten können leicht abgefangen werden. Noch gefährlicher sind gefälschte Netzwerke, die wie legitime Hotspots aussehen. Sobald Sie sich verbinden, können Angreifer Ihre Daten abfangen,

Malware einschleusen oder sich als vertrauenswürdige Websites ausgeben.

Selbst verschlüsselte Verbindungen sind nicht völlig sicher, wenn Angreifer Nutzer dazu bringen, gefälschte Zertifikate zu installieren oder Schwachstellen im Browser auszunutzen. Mobile Banking, Cloud-Zugriffe oder Dateiübertragungen über öffentliches WLAN können daher ein erhebliches Risiko darstellen.

Ein weiterer großer Risikofaktor ist Bluetooth. Viele Menschen lassen Bluetooth dauerhaft eingeschaltet, um Geräte wie Kopfhörer oder Smartwatches zu verbinden. Doch Bluetooth sendet kontinuierlich Signale aus und kann von Geräten in der Nähe erkannt werden. Sicherheitslücken wie BlueBorne zeigen, dass Angreifer allein durch Nähe Zugriff auf Geräte erhalten können – ohne dass der Nutzer etwas bestätigt. Andere Angriffe ermöglichen sogar das Auslesen von Daten oder die Kontrolle über das Gerät.

Das einfache Ausschalten von Bluetooth, wenn es nicht benötigt wird, ist eine wirkungsvolle Schutzmaßnahme. Besonders in öffentlichen Bereichen wie Flughäfen oder Veranstaltungen sollten Sie Bluetooth deaktivieren, um Ihr Risiko zu reduzieren.

Ein oft unterschätztes Risiko ist die Standortverfolgung. Smartphones nutzen GPS, WLAN und Mobilfunkmasten, um Ihren Standort genau zu bestimmen. Diese Funktion ist zwar nützlich für Navigation oder Notfälle, kann aber auch Ihre Privatsphäre erheblich gefährden.

Viele Apps sammeln kontinuierlich Standortdaten und verkaufen diese an Dritte. Dadurch entsteht ein detailliertes Profil Ihres Lebens – wo Sie arbeiten, einkaufen, wohnen und reisen. Diese Daten können gehackt, verkauft oder sogar rechtlich eingefordert werden.

Um sich zu schützen, sollten Sie Ihre Standortberechtigungen regelmäßig überprüfen und nur „Während der Nutzung“ erlauben. Deaktivieren Sie präzise Standortdaten, wenn sie nicht notwendig sind, und schalten Sie Funktionen wie Standortverlauf aus. Auch das Deaktivieren von Hintergrundaktualisierungen hilft, unnötige Datensammlungen zu verhindern.

Ein weiteres wichtiges Tool ist ein mobiles VPN. Es verschlüsselt Ihre Internetverbindung, schützt Sie besonders in öffentlichen Netzwerken und verbirgt Ihre IP-Adresse. Wählen Sie einen vertrauenswürdigen Anbieter mit klarer Datenschutzrichtlinie, da kostenlose VPNs oft Ihre Daten weiterverkaufen.

Außerdem sollten Sie automatische Verbindungen zu offenen WLAN-Netzen deaktivieren. Diese Funktion kann dazu führen, dass sich Ihr Gerät unbemerkt mit gefährlichen Netzwerken verbindet.

Zusammengefasst sind die drahtlosen Funktionen Ihres Smartphones ein zweischneidiges Schwert. Sie bieten Komfort und Effizienz, öffnen aber auch Türen für Angriffe, wenn sie unkontrolliert genutzt werden. Bewusstes Verhalten im Umgang mit WLAN, Bluetooth und Standortdiensten reduziert Ihr Risiko erheblich.

Das Ziel ist nicht, diese Technologien zu vermeiden, sondern sie intelligent zu nutzen.

Jordans Geschichte

Jordan war ein digitaler Nomade und arbeitete als freiberuflicher Designer weltweit. Sein Smartphone war sein wichtigstes Werkzeug – bis ein Fehler alles veränderte.

In einem Café in Thailand verband er sich mit einem scheinbar legitimen WLAN. Später stellte sich heraus, dass es sich um ein gefälschtes Netzwerk handelte. Ein Angreifer fing seine Daten ab, leitete ihn auf eine gefälschte Banking-Seite um und stahl seine Zugangsdaten. Kurz darauf wurden mehrere tausend Dollar von seinem Konto abgebucht.

Zusätzlich nutzte der Angreifer Bluetooth-Schwachstellen, um Daten von seinem Gerät zu extrahieren. Gleichzeitig wurde sein Standort über Wochen hinweg verfolgt und aufgezeichnet.

Nach dem Vorfall ergriff Jordan Maßnahmen: Er deaktivierte Bluetooth, nutzte nur noch sichere Netzwerke mit VPN, überprüfte App-Berechtigungen und schränkte Standortdienste ein.

Seine wichtigste Erkenntnis: Bequemlichkeit ohne Vorsicht ist wie eine offene Haustür in einer Großstadt. Sicherheit bedeutet nicht, alles abzuschalten – sondern bewusst zu entscheiden, was man zulässt und wann.

# Kapitel 4: Ihr Smartphone absichern – Einstellungen, Tools und bewährte Methoden

Die Sicherung Ihres Smartphones beginnt mit einem grundlegenden Umdenken: Ihr Telefon ist nicht nur ein Gerät – es ist Ihre Identität, Ihr Portemonnaie und Ihr Privatleben in einem einzigen Objekt, das Sie ständig bei sich tragen. Jede Berührung, jeder Download und jede Aktion eröffnet entweder neue Möglichkeiten für Produktivität – oder für Ausnutzung. Glücklicherweise verfügen moderne Smartphones über leistungsstarke integrierte Sicherheitsfunktionen – Sie müssen sie nur richtig nutzen. Dieses Kapitel zeigt Ihnen Schritt für Schritt, wie Sie Ihr Gerät mit den richtigen Einstellungen, Tools und Gewohnheiten absichern.

Beginnen wir mit dem Sperrbildschirm – Ihrer ersten Verteidigungslinie. Verwenden Sie einen starken sechsstelligen PIN-Code oder besser noch ein alphanumerisches Passwort anstelle eines einfachen vierstelligen Codes. Biometrische Methoden wie Face ID oder Fingerabdruck sind praktisch, sollten jedoch immer mit einem starken Code kombiniert werden. Deaktivieren Sie außerdem Vorschauen sensibler

Benachrichtigungen auf dem Sperrbildschirm, damit niemand ohne Entsperren Zugriff auf Ihre Informationen erhält.

Aktivieren Sie als Nächstes automatische Sicherheitsupdates. Sowohl Android als auch iOS veröffentlichen regelmäßig wichtige Sicherheitsupdates. Stellen Sie sicher, dass Updates automatisch installiert werden, da ein nicht aktualisiertes Gerät besonders anfällig für Angriffe ist.

Ein oft übersehener Bereich ist die Überprüfung von App-Berechtigungen. Kontrollieren Sie monatlich, welche Apps Zugriff auf Kamera, Mikrofon, Kontakte, Kalender und Standort haben. Entfernen Sie Berechtigungen, die nicht notwendig sind, oder stellen Sie sie auf „Nur während der Nutzung".

Um Ihre Daten zu schützen, aktivieren Sie die Gerätespeicher-Verschlüsselung. iPhones sind standardmäßig verschlüsselt. Bei Android-Geräten können Sie die Verschlüsselung in den Sicherheitseinstellungen aktivieren. Dadurch bleiben Ihre Daten selbst bei Verlust oder Diebstahl geschützt.

Regelmäßige Backups sind ebenfalls entscheidend. Nutzen Sie verschlüsselte Cloud-Backups oder lokale Sicherungen. Im Falle eines Datenverlusts sind diese Ihre wichtigste Rettung.

Für sichere Kommunikation sollten Sie verschlüsselte Messaging-Apps verwenden. Apps wie Signal, WhatsApp oder Telegram (mit geheimen Chats) bieten End-to-End-Verschlüsselung. Besonders Signal gilt als sehr datenschutzfreundlich. Aktivieren Sie zusätzliche Sicherheitsfunktionen wie selbstlöschende Nachrichten oder biometrische Sperren innerhalb der Apps.

Installieren Sie ein vertrauenswürdiges VPN, insbesondere wenn Sie häufig öffentliche WLAN-Netzwerke nutzen. Ein VPN verschlüsselt Ihre Internetverbindung und schützt Ihre Daten vor Hackern. Achten Sie darauf, einen seriösen Anbieter zu wählen.

Android-Nutzer können zusätzliche Datenschutz-Firewalls verwenden, um den Datenverkehr von Apps zu überwachen. iOS-Nutzer profitieren von ähnlichen Tools, die Tracking blockieren und Verbindungen überwachen.

Deaktivieren Sie außerdem Werbetracking und Analysefunktionen. Setzen Sie regelmäßig Ihre Werbe-ID zurück, um die Nachverfolgung zu minimieren.

Schalten Sie Funktionen wie AirDrop, NFC oder Bluetooth aus, wenn sie nicht benötigt werden. Diese können potenziell missbraucht werden, um ungewollte Verbindungen herzustellen.

Vergessen Sie nicht, „Mein iPhone suchen“ oder „Find My Device“ zu aktivieren. Damit können Sie Ihr Gerät im Notfall orten, sperren oder löschen.

Diese Einstellungen benötigen vielleicht nur 30 Minuten, können Ihnen jedoch jahrelange Probleme, Datenverlust und finanzielle Schäden ersparen. Ihr Smartphone wird sicherer, effizienter und gibt Ihnen ein deutlich besseres Gefühl der Kontrolle.

Im nächsten Kapitel erfahren Sie, wie Sie Ihre Kommunikation und Dateien zusätzlich schützen – mit verschlüsseltem Cloud-Speicher, sicheren Anrufen und datenschutzfreundlichen Alternativen.

Rileys Geschichte

Riley war überzeugt, dass ihr iPhone bereits sicher war. Doch nach einem Cybersicherheitsseminar wurde ihr bewusst, wie viele Schwachstellen sie übersehen hatte.

Sie begann damit, ihren schwachen PIN durch ein starkes Passwort zu ersetzen. Anschließend überprüfte sie ihre App-Berechtigungen und stellte fest, dass selbst alte Apps

Zugriff auf Kamera und Mikrofon hatten. Sie entzog diese sofort.

Dann wechselte sie zu einer verschlüsselten Messaging-App und deaktivierte automatische WLAN-Verbindungen. Sie installierte ein VPN, schaltete Bluetooth aus, reduzierte Hintergrundaktivitäten und deaktivierte Standortverfolgung.

Am nächsten Tag fühlte sich ihr Smartphone nicht nur schneller, sondern auch sicherer an. Sie hatte die Kontrolle zurückgewonnen.

Als später eine Freundin Opfer eines Hacks wurde, konnte Riley helfen – mit dem Wissen, das sie selbst erst kürzlich gelernt hatte.

Ihre wichtigste Erkenntnis: Sicherheit entsteht nicht durch ein einziges Tool, sondern durch bewusste Entscheidungen. Schritt für Schritt verwandelte sie ihr Smartphone von einem Risiko in eine geschützte Umgebung.

# Kapitel 5: Schutz persönlicher Dateien, Fotos und Cloud-Daten

Ihr Smartphone ist mehr als nur ein Kommunikationsgerät – es ist ein persönlicher Tresor. Es speichert Tausende von Fotos, private Dokumente, gescannte Ausweise, Verträge, Finanzunterlagen und sogar vertrauliche Notizen. Diese Bequemlichkeit macht es jedoch auch zu einem wertvollen Ziel für Diebstahl, Hacking und Überwachung. Wenn Ihre Dateien, Fotos oder Cloud-Konten kompromittiert werden, kann das schwerwiegende Folgen haben – von Identitätsdiebstahl über Erpressung bis hin zu finanziellen Verlusten und emotionalem Stress.

Der erste Schritt zum Schutz Ihrer Daten besteht darin zu verstehen, wie sie gespeichert und geteilt werden. Viele Nutzer verlassen sich auf Cloud-Dienste wie iCloud, Google Drive, OneDrive oder Dropbox. Diese sind praktisch, aber nicht unverwundbar. Wird Ihr Cloud-Konto gehackt, kann ein Angreifer auf Ihr gesamtes digitales Leben zugreifen – besonders dann, wenn Sie Passwörter wiederverwenden oder keine Zwei-Faktor-Authentifizierung nutzen.

Sichern Sie Ihre Cloud-Konten mit starken, einzigartigen Passwörtern und aktivieren Sie die

Zwei-Faktor-Authentifizierung (2FA). Vermeiden Sie nach Möglichkeit SMS-basierte 2FA und nutzen Sie stattdessen Authentifizierungs-Apps oder Sicherheitsschlüssel.

Überprüfen Sie außerdem regelmäßig die Freigabeeinstellungen Ihrer Dateien. Oft bleiben Dokumente über öffentliche Links zugänglich, obwohl sie längst nicht mehr geteilt werden sollten. Entfernen Sie unnötige Zugriffe und vermeiden Sie offene Freigaben.

Verschlüsseln Sie sensible Dateien, bevor Sie sie in die Cloud hochladen. Tools wie Cryptomator oder VeraCrypt ermöglichen es, Dateien mit einem Passwort zu schützen. Selbst wenn Ihr Cloud-Konto kompromittiert wird, bleiben diese Daten unlesbar.

Auf Ihrem Smartphone sollten Sie sichere Datei-Apps verwenden, um private Inhalte zu speichern. Diese bieten verschlüsselte Bereiche, die durch Passwort oder Biometrie geschützt sind.

Beim Schutz Ihrer Fotos sollten Sie automatische Synchronisierung für sensible Inhalte deaktivieren. Prüfen Sie, welche Ordner in Cloud-Diensten gesichert werden, und lagern Sie besonders private Daten in geschützten Bereichen.

Seien Sie vorsichtig mit Scanner-Apps. Viele speichern Dokumente automatisch in der Cloud. Verwenden Sie Apps, die lokale Speicherung und Verschlüsselung bieten, um Ihre Daten besser zu kontrollieren.

Erstellen Sie regelmäßig Offline-Backups auf verschlüsselten externen Speichern. Cloud-Dienste sind praktisch, aber nicht unfehlbar. Ein lokales Backup schützt Sie vor Datenverlust oder Ransomware-Angriffen.

Achten Sie auch auf App-Berechtigungen. Viele Apps verlangen Zugriff auf Fotos oder Dateien, obwohl dies nicht notwendig ist. Gewähren Sie nur die Rechte, die wirklich benötigt werden.

Zusätzlich können Sicherheits-Apps installiert werden, die Datenlecks erkennen und Schutz bei Verlust oder Diebstahl bieten.

Letztendlich gilt: Wenn etwas für Sie wertvoll ist, ist es auch für andere wertvoll. Behandeln Sie Ihre Daten wie Bargeld oder Ausweisdokumente – schützen Sie sie aktiv und bewusst.

Natashas Geschichte

Natasha, eine erfolgreiche freiberufliche Anwältin, speicherte alle wichtigen Dokumente in der Cloud. Eines Tages erhielt sie eine Warnung über einen unbefugten Zugriff – und stellte fest, dass jemand tatsächlich auf ihr Konto zugegriffen hatte.

Der Angreifer hatte sensible Dateien heruntergeladen und forderte Geld, um diese nicht zu veröffentlichen. Ursache war ein wiederverwendetes Passwort ohne Zwei-Faktor-Schutz.

Nach dem Vorfall sicherte Natasha ihre Systeme umfassend ab: starke Passwörter, 2FA, verschlüsselte Dateien und sichere Backups. Sie stellte ihre Arbeitsweise komplett um und gewann die Kontrolle zurück.

Ihre wichtigste Erkenntnis: Warten Sie nicht auf einen Angriff. Wenn etwas wichtig genug ist, um gespeichert zu werden, ist es auch wichtig genug, um geschützt zu werden.

# Kapitel 6: Sichere Nachrichten, Anrufe und Videochats auf dem Smartphone

Textnachrichten, Anrufe und Videochats sind die häufigsten Kommunikationsformen auf dem Smartphone. Was viele jedoch nicht wissen: Diese Gespräche sind oft nicht privat. Von unsicheren Standard-Messaging-Apps über unverschlüsselte Video-Plattformen bis hin zu datenprotokollierenden Telekommunikationsanbietern – Ihre mobile Kommunikation ist stärker exponiert, als Sie denken. In einer Zeit von Überwachung und digitalem Abhören ist der Schutz Ihrer Gespräche keine Option, sondern eine Notwendigkeit.

Beginnen wir mit SMS. Diese Form der Kommunikation gehört zu den unsichersten überhaupt. Nachrichten werden unverschlüsselt übertragen und können von Mobilfunkanbietern, Behörden oder Angreifern abgefangen werden. In vielen Ländern werden SMS-Daten über Monate oder Jahre gespeichert. Für sensible Inhalte sollten Sie SMS daher vermeiden.

Stattdessen sollten Sie auf Ende-zu-Ende-verschlüsselte Messaging-Apps umsteigen. Diese sorgen dafür, dass nur Sender und Empfänger die Inhalte lesen können. Zu den besten Optionen gehören:

Signal: Eine der sichersten Messaging-Apps. Open Source, keine Werbung, minimale Datenspeicherung und Funktionen wie selbstlöschende Nachrichten und verschlüsselte Anrufe.
WhatsApp: Bietet ebenfalls Ende-zu-Ende-Verschlüsselung, sammelt jedoch Metadaten über Kontakte und Nutzung.
Telegram: Verschlüsselung nur in „geheimen Chats". Standard-Chats sind weniger privat.
Threema und Wire: Besonders datenschutzfreundliche Alternativen, ideal für professionelle Nutzung.

Auch bei Anrufen und Videochats ist Vorsicht geboten. Standard-Telefonanrufe sind meist nicht Ende-zu-Ende verschlüsselt und können abgefangen werden. Verwenden Sie stattdessen Apps wie Signal, WhatsApp oder FaceTime, die verschlüsselte Kommunikation ermöglichen.

Achten Sie auf Mikrofon- und Kamerazugriffe. Viele Apps greifen auch im Hintergrund darauf zu. Überprüfen Sie regelmäßig Ihre Einstellungen und erlauben Sie den Zugriff nur vertrauenswürdigen Anwendungen. Moderne Geräte zeigen an, wenn Mikrofon oder Kamera aktiv sind – nutzen Sie diese Hinweise bewusst.

Bei Videokonferenz-Tools wie Zoom oder Teams sollten Sie beachten, dass nicht alle vollständig verschlüsselt sind. Für besonders sensible Gespräche sollten Sie sicherere Alternativen verwenden.

Für zusätzlichen Schutz können temporäre Telefonnummern genutzt werden. Apps wie Burner oder Hushed ermöglichen es, anonym zu kommunizieren, ohne Ihre echte Nummer preiszugeben.

Seien Sie außerdem vorsichtig bei Social-Engineering-Angriffen. Betrüger können sich als bekannte Kontakte ausgeben und versuchen, Sie zu manipulieren. Prüfen Sie immer die Identität, bevor Sie sensible Informationen weitergeben.

Nutzen Sie zusätzliche Sicherheitsfunktionen wie Zwei-Faktor-Authentifizierung, PIN-Schutz für Chats und selbstlöschende Nachrichten. Diese reduzieren das Risiko erheblich.

Ein wichtiger Punkt sind Backups. Manche Apps sichern Nachrichten in der Cloud – oft ohne Verschlüsselung. Deaktivieren Sie solche Backups oder nutzen Sie verschlüsselte Optionen, wenn verfügbar.

Zusammengefasst erfordert sichere Kommunikation mehr als nur die richtige App. Es geht um verschlüsselte Tools, bewusste Einstellungen und sichere Gewohnheiten. Jede

Nachricht kann entweder privat bleiben – oder zum Risiko werden.

Lenas Geschichte

Lena arbeitete als investigative Journalistin und nutzte zunächst unsichere Kommunikationsmethoden wie SMS und Standardanrufe. Erst als sie auf mögliche Überwachung hingewiesen wurde, erkannte sie die Risiken.

Ein Sicherheitsexperte zeigte ihr, dass ihre Kommunikation leicht abgefangen werden konnte. Gemeinsam sicherten sie ihr Gerät ab: Sie wechselte zu Signal, aktivierte Zwei-Faktor-Authentifizierung und schränkte Mikrofon- und Kamerazugriffe ein.

Außerdem deaktivierte sie unverschlüsselte Backups und nutzte temporäre Telefonnummern für sensible Kontakte.

Durch diese Maßnahmen konnte sie ihre Quellen schützen und ihre Arbeit sicher fortsetzen.

Ihre wichtigste Erkenntnis: In der digitalen Welt bedeutet Professionalität auch, die eigene Kommunikation zu schützen. Jede Nachricht kann entweder privat bleiben – oder dauerhaft gespeichert und missbraucht werden.

# Kapitel 7: Mobile App-Fallen, Malware und Spyware-Bedrohungen

Nicht alle mobilen Apps sind das, was sie vorgeben zu sein. Einige erscheinen als nützliche Tools, Spiele oder Unterhaltungsplattformen – doch im Hintergrund sammeln sie Daten, installieren Tracking-Software oder fungieren sogar als Spyware. Das moderne Smartphone ist zu einer Goldmine für Entwickler und Angreifer geworden, und wer App-Fallen nicht erkennt, setzt sich Überwachung, Identitätsdiebstahl und weiteren Risiken aus.

Beginnen wir mit bösartigen Apps. Diese Anwendungen wirken legitim, sind aber darauf ausgelegt, Daten zu stehlen, Malware zu installieren oder Gerätefunktionen zu übernehmen. Sie finden sich häufig in Drittanbieter-App-Stores oder auf unsicheren Websites, tauchen jedoch gelegentlich auch in offiziellen App-Stores auf – getarnt als Taschenlampen, Wallpaper-Apps oder QR-Code-Scanner. Nach der Installation fordern sie übermäßige Berechtigungen und beginnen, Daten an externe Server zu senden oder Ihr Verhalten zu überwachen.

Eine der gefährlichsten Bedrohungen ist Spyware, auch als Stalkerware bekannt. Diese Apps verfolgen heimlich Ihren

Standort, Ihre Nachrichten, Anruflisten, Fotos und sogar Mikrofon- und Kameraaktivitäten – ohne Ihr Wissen. Oft werden sie von Personen installiert, die kurzzeitig Zugriff auf Ihr Gerät haben, und laufen versteckt im Hintergrund.

Spyware tarnt sich häufig als System-App oder trägt unauffällige Namen wie „Systemdienst“ oder „Gerätehilfe“. Einige werden sogar als „Überwachungs-“ oder „Elternkontroll“-Apps verkauft, aber missbräuchlich eingesetzt. Sobald aktiv, senden sie kontinuierlich Daten und ermöglichen in manchen Fällen Fernzugriff auf Ihr Gerät.

Zum Schutz sollten Sie Ihre installierten Apps regelmäßig überprüfen. Entfernen Sie alles, was Ihnen unbekannt erscheint oder unnötige Berechtigungen verlangt. Prüfen Sie auch, ob Apps Administratorrechte besitzen, da diese tieferen Zugriff auf Ihr Gerät ermöglichen.

Installieren Sie zusätzlich Sicherheitssoftware von vertrauenswürdigen Anbietern. Diese kann versteckte Malware erkennen und ungewöhnliches Verhalten überwachen.

Laden Sie Apps ausschließlich aus offiziellen Quellen herunter und vermeiden Sie unbekannte Downloads. Prüfen Sie vor der Installation Entwickler, Bewertungen und Berechtigungen.

Besonders bei kostenlosen Apps sollten Sie vorsichtig sein – oft bezahlen Sie mit Ihren Daten.

Deaktivieren Sie außerdem die Installation aus unbekannten Quellen und achten Sie auf ungewöhnliches Verhalten Ihres Geräts: schneller Akkuverbrauch, Überhitzung oder ungewöhnlicher Datenverbrauch können Warnzeichen sein.

Wenn Sie vermuten, dass Ihr Gerät kompromittiert ist, sichern Sie Ihre Daten und führen Sie einen vollständigen Reset durch. Installieren Sie anschließend nur vertrauenswürdige Apps neu.

Auch Aufklärung ist wichtig: Viele Menschen installieren Apps ohne Prüfung. Helfen Sie Familie und Freunden, sicherere Gewohnheiten zu entwickeln.

In einer Welt mit Millionen von Apps ist Wachsamkeit Ihre beste Verteidigung. Jede App kann Ihre Privatsphäre schützen – oder stillschweigend ausnutzen.

Tashas Geschichte

Tasha, eine Lehrerin, lud eine scheinbar hilfreiche App herunter, die sich später als Spyware herausstellte. Anfangs funktionierte alles normal, doch bald traten ungewöhnliche Symptome auf: schneller Akkuverbrauch, seltsame Aktivitäten und personalisierte Werbung.

Eine Sicherheitsprüfung ergab, dass die App Daten wie Kontakte, Mikrofonzugriffe und Standort übermittelte. Sie hatte sogar Administratorrechte erhalten.

Gemeinsam mit einem IT-Freund entfernte sie die App, setzte ihr Gerät zurück und installierte Schutzmaßnahmen. Anschließend überprüfte sie alle Apps und löschte weitere verdächtige Anwendungen.

Seitdem geht sie bewusster mit Apps um und klärt andere über Risiken auf.

Ihre wichtigste Erkenntnis: Die größten Bedrohungen sehen oft harmlos aus. Sicherheit beginnt damit, jeder App kritisch zu begegnen.

# Kapitel 8: Was Sie tun sollten, wenn Ihr Smartphone verloren geht, gestohlen wird oder beschlagnahmt wird

Der Verlust Ihres Smartphones ist heute nicht mehr nur eine Unannehmlichkeit – er kann zu einem echten digitalen Notfall werden. Ob Ihr Gerät verloren geht, gestohlen wird oder von Behörden beschlagnahmt wird – Ihr gesamtes Privatleben kann innerhalb weniger Minuten offengelegt werden, wenn keine Schutzmaßnahmen getroffen wurden. Kontakte, Bankdaten, Fotos, Nachrichten, soziale Netzwerke und gespeicherte Passwörter sind potenziell zugänglich. Mit der richtigen Vorbereitung und schnellen Reaktion können Sie den Schaden jedoch minimieren oder ganz verhindern.

Schritt 1: Vorbereitung vor dem Ernstfall

Der wichtigste Schutz beginnt, bevor etwas passiert. Aktivieren Sie unbedingt die Ortungs- und Fernlöschfunktionen Ihres Geräts. Auf dem iPhone geschieht dies über „Wo ist?“, auf Android über „Mein Gerät finden“. Damit können Sie Ihr Smartphone orten, sperren und im Notfall vollständig löschen. Sichern Sie außerdem Ihren Sperrbildschirm mit einem starken Code und deaktivieren Sie Vorschauen sensibler Benachrichtigungen. Entfernen Sie zusätzlich Schnellzugriffe auf Wallet, Nachrichten oder Smart-Home-Funktionen vom Sperrbildschirm.

Schritt 2: Verschlüsselung und automatische Löschung

Aktivieren Sie die Gerätespeicher-Verschlüsselung, damit Ihre Daten auch bei physischem Zugriff geschützt bleiben. Zusätzlich können Sie einstellen, dass sich das Gerät nach mehreren falschen Eingaben selbst löscht. Diese Funktion bietet einen wichtigen Schutz vor unbefugtem Zugriff.

Schritt 3: Sofort handeln bei Verlust oder Diebstahl

Wenn Ihr Smartphone verschwunden ist, zählt jede Minute. Versuchen Sie zunächst, es über die Ortungsfunktion zu finden. Wenn es nicht auffindbar ist, aktivieren Sie den Sperrmodus und hinterlassen Sie eine Nachricht auf dem Display.

Sollte eine Wiederbeschaffung unwahrscheinlich sein, löschen Sie das Gerät aus der Ferne. Ändern Sie anschließend sofort alle wichtigen Passwörter – beginnen Sie mit E-Mail und Cloud-Diensten. Kontaktieren Sie Ihren Mobilfunkanbieter, um die SIM-Karte zu sperren, und melden Sie den Vorfall bei der Polizei.

Schritt 4: Schutz bei Beschlagnahmung

In bestimmten Situationen – etwa bei Reisen oder rechtlichen Untersuchungen – kann Ihr Smartphone beschlagnahmt werden. Verwenden Sie daher möglichst keine biometrische Entsperrung, sondern starke alphanumerische Passcodes. Nutzen Sie verschlüsselte Apps für Kommunikation und deaktivieren Sie Cloud-Synchronisation für sensible Daten vor riskanten Situationen. In manchen Fällen kann es sinnvoll sein, ein Zweitgerät mit minimalen Daten zu verwenden.

Schritt 5: Maßnahmen nach Wiedererhalt
Wenn Sie Ihr Gerät zurückbekommen, überprüfen Sie es gründlich. Kontrollieren Sie Einstellungen, Berechtigungen und aktive Sitzungen. Ändern Sie alle Passwörter und führen Sie im Zweifel einen vollständigen Reset durch.

Zusätzlicher Tipp: Gerätedaten sichern
Notieren Sie wichtige Informationen wie IMEI-Nummer, Modell und Seriennummer und bewahren Sie ein aktuelles Backup auf. Diese Daten sind im Ernstfall äußerst hilfreich.

Zusammengefasst: Ihr Smartphone kann Ihr größter Vorteil – oder Ihr größtes Risiko sein. Je besser Sie vorbereitet sind, desto geringer ist der Schaden im Ernstfall.

Rajs Geschichte

Raj verlor sein Smartphone nach einem langen Arbeitstag. Zunächst geriet er in Panik, doch dank zuvor aktivierter Sicherheitsfunktionen konnte er schnell handeln. Er ortete sein Gerät, sperrte es und löschte schließlich alle Daten aus der Ferne.

Anschließend änderte er alle wichtigen Passwörter und ließ seine SIM-Karte sperren. Dadurch verhinderte er weitere Schäden.

Die Erfahrung veränderte seine Herangehensweise grundlegend. Er richtete sein neues Smartphone mit maximaler Sicherheit ein, nutzte stärkere Passcodes, verschlüsselte Kommunikation und reduzierte gespeicherte Daten.

Heute teilt Raj seine Erfahrungen, um andere zu sensibilisieren. Seine wichtigste Erkenntnis: Ihr Smartphone verdient denselben Schutz wie Ihr Zuhause oder Ihr Geld.

# Kapitel 9: Mobile Sicherheit für Familien und Kinder

In der heutigen vernetzten Welt sind mobile Geräte ein fester Bestandteil des Familienalltags geworden. Kinder nutzen Smartphones und Tablets für Schule, Unterhaltung und Kommunikation – oft schon in sehr jungen Jahren. Während Technologie viele Vorteile bietet, öffnet sie auch die Tür zu realen digitalen Gefahren: Online-Raubtiere, ungeeignete Inhalte, Cybermobbing, Suchtverhalten, Datensammlung und Eingriffe in die Privatsphäre. Für Eltern und Erziehungsberechtigte ist es daher eine der wichtigsten Aufgaben, die mobile Nutzung ihrer Kinder zu sichern.

Der erste Schritt ist, die Risiken zu verstehen. Kinder sind nicht nur Nutzer – sie sind auch Zielgruppen. Apps, soziale Netzwerke und sogar andere Kinder können die Neugier und Unerfahrenheit junger Nutzer ausnutzen. Viele Kinder erkennen nicht die Folgen, wenn sie persönliche Informationen teilen, auf Werbung klicken oder Apps herunterladen, die Daten sammeln.

Offene Kommunikation ist dabei entscheidend. Kinder sollten verstehen, dass ein Smartphone ein Privileg ist, das Verantwortung mit sich bringt. Erklären Sie, dass

Online-Risiken real sind – genau wie Gefahren in der realen Welt. Wichtig ist, Vertrauen aufzubauen, statt Überwachung in den Vordergrund zu stellen.

Nutzen Sie anschließend technische Schutzmaßnahmen wie Kindersicherungen:
Auf iOS können Sie über „Bildschirmzeit" Profile erstellen, Apps einschränken und Bildschirmzeiten festlegen.
Auf Android hilft die App „Family Link", mit der Sie Downloads kontrollieren, Nutzungszeiten begrenzen und Inhalte filtern können.
Aktivieren Sie SafeSearch und nutzen Sie kinderfreundliche Apps wie YouTube Kids.

Zusätzlich können Sicherheitslösungen eingesetzt werden, die Inhalte filtern und Warnungen bei verdächtigen Aktivitäten geben. Diese helfen, ohne vollständige Überwachung ein sicheres Umfeld zu schaffen.

Bringen Sie Kindern früh bei, wie wichtig Datenschutz ist. Sie sollten niemals persönliche Informationen wie Adresse, Schule oder Fotos mit Fremden teilen. Erklären Sie auch, wie Apps Daten sammeln und warum Vorsicht wichtig ist.

Deaktivieren Sie unnötige Standortverfolgung und Funktionen wie Bluetooth oder AirDrop, wenn sie nicht gebraucht werden.

Diese können missbraucht werden, um Kontakt aufzunehmen oder Daten zu sammeln.

Sprechen Sie auch über Cybermobbing. Kinder sollten wissen, wie sie Nutzer blockieren und melden können und dass sie jederzeit Unterstützung bekommen.

Legen Sie klare Regeln für Bildschirmzeit fest. Zu viel Nutzung kann Schlafprobleme, Konzentrationsstörungen und Stress verursachen. Bildschirmfreie Zeiten und Zonen helfen, gesunde Gewohnheiten zu entwickeln.

Nutzen Sie Geräteberichte, um das Verhalten zu verstehen, nicht um zu kontrollieren. Ziel ist es, Kindern Selbstverantwortung beizubringen.

Sichern Sie Geräte zusätzlich physisch ab: starke Passcodes, eingeschränkte Käufe und regelmäßige Updates.

Und das Wichtigste: Gehen Sie mit gutem Beispiel voran. Kinder lernen durch Beobachtung. Wenn Sie selbst bewusst mit Technologie umgehen, werden Ihre Kinder es ebenfalls tun.

Das Ziel ist nicht, Kinder von der digitalen Welt fernzuhalten, sondern sie darauf vorzubereiten. Mit Wissen, klaren Regeln und Vertrauen entwickeln sie die Fähigkeiten, sich langfristig selbst zu schützen.

Monicas Geschichte

Monica, eine alleinerziehende Mutter, gab ihrem Sohn Leo schließlich ein Smartphone. Anfangs lief alles gut, doch bald bemerkte sie Veränderungen in seinem Verhalten und stellte fest, dass er mit Fremden über eine App kommunizierte.

Besorgt richtete sie gemeinsam mit einem IT-Freund Sicherheitsmaßnahmen ein: Kindersicherung, App-Kontrollen und eingeschränkte Inhalte. Gleichzeitig sprach sie offen mit ihrem Sohn über Risiken und Datenschutz.

Mit klaren Regeln und regelmäßiger Überprüfung entwickelte Leo ein besseres Verständnis für digitale Sicherheit.

Monicas wichtigste Erkenntnis: Sicherheit beginnt nicht mit Technologie, sondern mit Kommunikation und Vertrauen.

# Kapitel 10: Die Zukunft der mobilen Sicherheit – Trends, Bedrohungen und wie Sie einen Schritt voraus bleiben

Mobile Sicherheit ist längst keine Option mehr – sie ist eine sich ständig weiterentwickelnde Notwendigkeit. Mit der zunehmenden Integration von Smartphones in alle Lebensbereiche werden auch die Bedrohungen raffinierter, hartnäckiger und unsichtbarer. Wer versteht, was auf uns zukommt, kann sich besser schützen und Angreifern, manipulativen Algorithmen und Überwachungssystemen einen Schritt voraus bleiben.

Eine der größten Entwicklungen ist der Einsatz von künstlicher Intelligenz (KI) – sowohl auf Angreifer- als auch auf Verteidigerseite. Cyberkriminelle nutzen KI, um Phishing-Angriffe zu automatisieren, täuschend echte Nachrichten zu erstellen und Verhaltensmuster zu analysieren. Deepfake-Audio und -Videos ermöglichen es, sich als vertrauenswürdige Personen auszugeben. Gleichzeitig wird KI auch zur Verteidigung eingesetzt: zur Erkennung von Bedrohungen in Echtzeit, zur Analyse ungewöhnlicher Aktivitäten und zur Verhinderung von Datenlecks.

Eine weitere gefährliche Entwicklung sind sogenannte Zero-Click-Angriffe. Diese benötigen keinerlei Interaktion des Nutzers. Schon eine empfangene Nachricht oder ein Anruf kann ausreichen, um Schadsoftware zu installieren. Solche Angriffe nutzen oft bisher unbekannte Sicherheitslücken und sind besonders schwer zu erkennen.

Auch Spyware und staatliche Überwachungstechnologien nehmen zu. Hochentwickelte Programme können selbst gut geschützte Geräte kompromittieren. Mit sinkenden Kosten könnten solche Tools künftig auch von Unternehmen oder Einzelpersonen missbraucht werden.

Als Gegenmaßnahme gewinnen sichere Hardware und datenschutzorientierte Systeme an Bedeutung. Sicherheits-Schlüssel, geschützte Prozessorbereiche und alternative Betriebssysteme bieten mehr Kontrolle über persönliche Daten.

Auch biometrische Technologien entwickeln sich weiter. Neben Fingerabdruck und Gesichtserkennung entstehen neue Methoden wie Verhaltensbiometrie. Diese erhöhen die Sicherheit, werfen jedoch auch Fragen zum Datenschutz auf.

Gleichzeitig wird das Smartphone immer mehr zur digitalen Identität: Ausweise, Tickets, Zahlungsdaten und vieles mehr werden zentral gespeichert. Dadurch steigen die Risiken bei Verlust oder Kompromittierung erheblich.

Mit der Weiterentwicklung von 5G und vernetzten Geräten entstehen neue Angriffsflächen. Nicht nur das Smartphone selbst, sondern ganze digitale Ökosysteme können Ziel von Angriffen werden.

Wie bleiben Sie also vorbereitet?
Bleiben Sie informiert und verfolgen Sie aktuelle Entwicklungen.
Reduzieren Sie Ihre digitale Angriffsfläche, indem Sie unnötige Apps und Daten entfernen.
Nutzen Sie mehrere Sicherheitsebenen wie Verschlüsselung, VPN und sichere Apps.
Erstellen Sie eigene, sichere Backups.
Kontrollieren Sie Ihre digitale Identität bewusst.
Überprüfen Sie regelmäßig Ihre Einstellungen.

Die Zukunft der mobilen Sicherheit bedeutet nicht, Risiken vollständig zu vermeiden, sondern bewusst und vorbereitet zu handeln. Ihr wichtigster Schutz ist Ihr Wissen.

Die Spyware-Geschichte

Julian und Maya lebten mit ihrer Familie in einem vollständig vernetzten Haushalt. Alles war digitalisiert – von

Kommunikation bis Sicherheitssystemen. Doch eine Dokumentation über Spyware öffnete ihnen die Augen.

Sie überprüften ihre Geräte und stellten fest, dass viele Sicherheitsmaßnahmen fehlten. Updates waren veraltet, Tracking aktiv und Kommunikation teilweise ungesichert. Schritt für Schritt verbesserten sie ihre Sicherheit: verschlüsselte Kommunikation, deaktiviertes Tracking und stärkere Zugriffskontrollen.

Auch ihre Kinder wurden einbezogen und lernten früh den verantwortungsvollen Umgang mit Technologie.

Am Ende fühlte sich die Familie nicht eingeschränkt, sondern gestärkt. Sicherheit wurde zu einer Gewohnheit – nicht aus Angst, sondern aus Bewusstsein.

Ihre wichtigste Erkenntnis: Digitale Sicherheit ist kein einmaliger Schritt, sondern eine dauerhafte Lebensweise.

# Sicherheit ist kein Ziel – sie ist eine fortlaufende Praxis

Sie haben das Ende dieses Buches erreicht – aber Ihre Reise zur mobilen Sicherheit beginnt gerade erst.

Wir leben in einer Welt, in der unsere Smartphones mehr sind als nur Werkzeuge – sie sind digitale Erweiterungen unserer selbst. Sie wissen, wohin wir gehen, mit wem wir sprechen, wonach wir suchen, wie wir Geld ausgeben und sogar, worüber wir nachdenken, wenn niemand hinschaut. Und weil sie so viel wissen, müssen sie mit derselben Dringlichkeit, Wachsamkeit und Sorgfalt geschützt werden wie unser Zuhause, unsere Familie und unsere Identität.

In diesem Buch haben wir jede Ebene des mobilen Schutzes durchlaufen – von Sperrbildschirm-Einstellungen über verschlüsselte Nachrichten bis hin zur Überprüfung von App-Berechtigungen und dem Erkennen von Spyware und Fernangriffen. Sie wissen jetzt, dass Bedrohungen nicht immer wie Bedrohungen aussehen. Oft erscheinen sie als Bequemlichkeit, kostenlose Downloads oder unberührte Standardeinstellungen.

Sie verstehen auch, dass das Ziel von Sicherheit nicht darin besteht, Angst oder Paranoia zu erzeugen – sondern Freiheit.

Wenn Sie die Kontrolle über Ihr Gerät, Ihre Daten und Ihre digitalen Gewohnheiten übernehmen, bewegen Sie sich mit mehr Selbstvertrauen, Klarheit und innerer Ruhe durch die Welt.

Sie haben gelernt, wie Sie:
Ihr Smartphone mit sicheren Grundeinstellungen absichern
Die richtigen Messaging- und Video-Tools für echte Privatsphäre auswählen
Ihre Fotos, Dateien und Cloud-Daten vor Lecks und Angriffen schützen
Schädliche oder manipulative Apps erkennen und entfernen
Sich auf Notfälle wie Diebstahl, Beschlagnahmung oder Verlust vorbereiten
Ihre Familie und Kinder sicher durch die digitale Welt begleiten
Zukünftigen Bedrohungen mit Wissen, Tools und Gewohnheiten voraus bleiben

Am wichtigsten ist jedoch: Sicherheit ist kein Ziel – sie ist eine fortlaufende Praxis. Sie werden Ihre Einstellungen regelmäßig überprüfen, Ihre Tools anpassen und sich weiterbilden müssen, während sich die Technologie entwickelt. Was heute sicher ist, kann morgen schon überholt sein. Mit der richtigen

Einstellung sind Sie jedoch bereit, sich anzupassen und zu wachsen.

Die Cyber Shield Academy wurde geschaffen, um genau dabei zu helfen – echte digitale Kompetenz in einer Welt voller Ablenkung, Manipulation und versteckter Überwachung aufzubauen.

Vielen Dank, dass Sie sich dieses Wissen angeeignet haben. Wenn Ihnen dieses Buch geholfen hat, teilen Sie es mit jemandem, der Ihnen wichtig ist – einem Freund, einem Elternteil, einem Teenager oder einem Kollegen. Digitale Sicherheit betrifft uns alle. Und indem Sie dieses Wissen weitergeben, schützen Sie nicht nur sich selbst, sondern tragen auch zu einer sichereren Welt bei.

Bleiben Sie wachsam. Bleiben Sie privat. Und denken Sie daran: Die Macht liegt in Ihrer Hand – **aber das Risiko auch. Schützen Sie beides.**

www.ingramcontent.com/pod-product-compliance
Lightning Source LLC
LaVergne TN
LVHW022029200926
848481LV00007B/2611